To. 초등 풍마니들~

지금 이 책을 펼친 어린이 여러분!
무한한 상상을 시작해 보세요!
과학도 세상에 대한 작은 상상에서 시작되었답니다.
나의 작은 상상이 실현될 때 세상은 한 차원 달라 보일 거예요.
풍마니들의 상상력을 이 풍쌤이 응원합니다.

-2024년 6월. 장풍

zzang poong sciene

과학을 즐겨라~~♥

기획 장풍(장성규)

메가스터디, 엠베스트 대표 과학 강사로 활동하고 있다. 과학을 어려워하는 중·고등학생을 위해 장풍만의 비법이 담겨 있는 《백신 과학》을 집필하여 베스트셀러 교재 및 강의로 자리매김하였다. 가르치는 학생을 '풍마니'라는 애칭으로 부르고 활발하게 학생들과 소통하는 등 제자 사랑이 남다르다. 쓴 책으로는 〈원말 과학〉 시리즈, 〈백신 과학〉 시리즈, 《메가스터디N제》 등이 있다. 〈장풍쌤의 과학 풍딱지〉는 초등학생들이 과학을 좀 더 친근하게 느끼길 바라며 수업 시간에 날리는 딱지에 아이디어를 얻어 기획한 학습만화이다.

글 강주현

어린이를 대상으로 쉽고 정확한 학습 정보를 담은 만화 콘텐츠를 만들고 있다. 재미있고 보석 같은 이야기를 통해 어린이들의 세계가 다양하게 확장되길 바라는 마음으로 글을 쓴다. 그동안 만든 작품으로는 〈만화로 보는 북유럽 신화〉 시리즈, 〈이현세 세계사 넓게 보기〉 시리즈 등이 있다.

그림 양선모

개성 있는 그림과 섬세하고 흥미로운 연출로 독자들에게 새로운 즐거움을 주는 만화가이다. 펴낸 어린이책으로는 〈카트라이더〉 시리즈, 〈메이플 축구단〉 시리즈, 〈과학 도둑〉 시리즈, 〈역사 도둑〉 시리즈, 〈신비아파트 고스트 탐험대〉 시리즈, 〈토깽이네 지구 구출 대작전〉 시리즈, 〈잉여맨 사이다스쿨〉 시리즈 등이 있다.

장풍쌤의 과학 풍딱지 1

전기 : 의문의 친구, 일렉풍

장풍 기획
강주현 글
양선모 그림

메가스터디BOOKS

풍딱지와 함께
과학 모험을 시작해 보세요!

어린이 독자 여러분, 안녕하세요! 메가스터디 과학 선생님 장성규입니다. 저는 '장풍'이라는 이름으로 활동하고 있어요. 아마 제 이름을 처음 들어 본 친구들도 많을 거예요! 저는 메가스터디에서 중등 과학과 고등 과학을 가르치고 있답니다. 여러분의 형, 누나, 언니, 오빠들 중에 저를 알고 있는 사람도 있을 거예요.

저는 20년간 교육 현장에서 과학을 어려워하는 학생들을 많이 봐 왔어요. 그 학생들의 공통점은 과학을 그저 시험 과목 중 하나라고 여긴다는 점입니다. 물론 저는 선생님으로서 그들의 점수를 올리기 위해 내신과 수능을 위한 과학 개념서와 문제풀이 교재를 많이 만들었습니다.

하지만 한편으로는 안타까운 마음도 있었어요. 과학은 단순하게 시험을 위한 것이 아니라, 생활과 아주 밀접한 재미있는 학문이기 때문이죠!

최근에는 로봇과 인공지능 또한 급속도로 발전해 우리의 삶이 더욱 편해졌습니다. 어떤 사람들은 이것이 우리의 삶을 위협할 수도 있다고 하지만, 이 문제에 대한 대답 또한 바로 '과학'입니다. 코로나로 전 세계 사람들이 어려움을 겪을 때도 과학 기술로 백신을 만들어 코로나 종식을 이끌어 낸 것처럼, 전 지구적 차원의 어려움에

직면하게 되었을 때 인류는 과학에서 희망을 찾는다는 걸 역사 속에서 확인할 수 있지요.

이제는 우리 주변에서 일어나는 과학 이야기에 대해 대한민국 과학의 미래를 이끌어 갈 여러분들과 함께 나눠 보고 싶습니다. 그래서 오랫동안 머릿속으로만 생각했던 과학 이야기를 꺼내려고 합니다. 그것도 여러분이 아주 좋아하고 재밌어할 만한 '모험'과 '상상력'으로 말이죠!

제가 수업을 할 때 날리는 저의 시그니처, '풍딱지'에서 아이디어를 얻어 어린이들이 좋아할 만한 〈장풍쌤의 과학 풍딱지〉 시리즈를 펴내게 되었습니다. 과학에 대한 첫인상이 이 책으로 정해질 수도 있기에 최대한 쉽고 재미있고 흥미진진하게 만들었습니다.

어린이 독자 여러분! 이제 이 장풍쌤과 함께 '풍딱지'를 들고 풍 종족들을 만나러 가 볼까요?

— 과학 강사, 장풍(장성규)

과학 풍딱지 미리 보기

1
취향 저격!
흥미진진
만화 스토리

<과학 풍딱지>에는 여러분과 꼭 닮은 친구들이 등장합니다. 친구들의 모험을 따라 가며 과학 사건을 해결해 보고, 재미있는 만화로 과학에 대한 흥미를 높여 보세요!

무려 6편의 강의를 볼 수 있다고!

2
과학 대통령
장풍쌤의
꿀잼 강의 영상!

본문 곳곳에 장풍쌤의 친절한 강의를 직접 볼 수 있도록 했어요! 장풍쌤만의 노하우가 담긴 재미있는 강의를 경험해 보세요! '장풍쌤의 과학 풍딱지' 유튜브 채널에서도 시청할 수 있답니다!

기대해도 좋아!

3
알찬 과학 지식 너만바 과학 노트!

만화에서 자세히 다루지 못했던 과학 정보를 장별 부록 '너만바 과학 노트'에 추가로 담았어요. 친절하고 알찬 설명으로 과학 지식을 더욱더 넓힐 수 있어요!

4
속전속결 퀴즈로 확실한 복습!

본문에 나온 과학 내용을 다시 한 번 확인하는 '속전속결 QUIZ'가 실려 있어요! 내가 몇 개를 맞혔는지 확인해 보면서 책 속 과학 내용을 찬찬히 복습해 보세요!

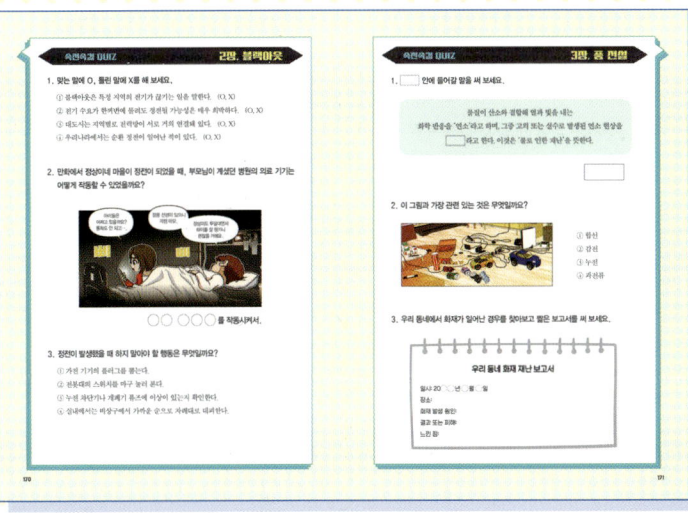

작가의 말 ★ 2
과학 풍딱지 미리 보기 ★ 4
등장인물 ★ 8
교과 연계 ★ 10

1장 품의 등장 ★ 18
: 전기 에너지, 정전기, 원자, 전자

너만바 과학 노트 ★ 48
└ 에너지란 무엇일까

2장 블랙아웃 ★ 50
: 정전의 원인, 정전 피해, 전력 수송, 송전

너만바 과학 노트 ★ 80
└ 블랙아웃과 우리 생활

3장 품 전설 ★ 82
: 전기 사고, 화재

너만바 과학 노트 ★ 108
└ 편리하지만 위험한 전기

4장 일렉품을 찾아서 ★ 110
: 자기력, 전류, 전압, 저항, 직렬, 병렬

너만바 과학 노트 ★ 136
└ 전자석의 발견과 이용
└ 전류·전압·저항의 관계

5장 새로운 딱지 ★ 138
: 전자기 유도, 발전소, 변압기 원리, 전력 손실

너만바 과학 노트 ★ 166
└ 전기 생산과 에너지 절약

속전속결 QUIZ ★ 168

등장인물

장풍쌤 #풍마니 포에버!
제자들을 '풍마니(장풍 마니아)'라고 부르는 극강 텐션의 과학쌤. 아재 개그를 좋아한다(실은 꿈이 개그맨이었다는 이야기도 있다). 정리 안 하고 지저분한 걸 싫어한다. 아빠처럼, 삼촌처럼 애정 어린 잔소리를 많이 한다.

#나, 딱지 대장 최정상이야! 정상
자칭 '인싸'인 줄 아는 4학년 어린이. 쓸데없는 것을 잘 기억한다. 모든 공부를 싫어하지만 장풍쌤의 개그는 좋아해서 장풍쌤과 개그 티키타카가 잘 된다.

나연 #모험은 언제나 신나!
과학 탐험가가 꿈인 열정 과다, 의욕 과다 어린이. 장풍쌤의 찐 '풍마니'이다. 그러나 못 말리는 호기심 때문에 가끔씩 사고를 친다.

#킁킁! 어디서 빵 냄새 안 나? 별
후각이 발달해서 음식과 관련된 과학엔 아주 관심이 높다. 간식 가방을 항상 갖고 다닌다. 겁이 많지만 음식 앞에서는 용감해진다.

#거봐! 내 말이 맞지? **단비**

나연의 이모이자, 정상이네 동네 주민으로, 책방을 운영하며 전 세계의 민간 설화나 전설에 대해 연구한다. 여러 고대어도 읽을 수 있다. 풍 전설을 알아보던 중, 진짜 풍을 목격한다.

하이 #뿌뗑! 나랑 놀아 줘!

정상의 동생. 오빠 바라기 1학년 어린이. 오빠를 닮아 장난을 좋아한다. 다양한 가면 쓰는 걸 즐겨 한다.

#여, 여기, 어, 어디야…. **일렉풍**

스퀴스 에너지에 이끌려 지구에 오게 된 풍. 전기 능력을 가졌으며, 인간들의 말을 따라 한다. 낯선 세계에 겁을 먹는다. 하이가 떨어뜨린 가면을 쓰고 다니다 정상을 만난다.

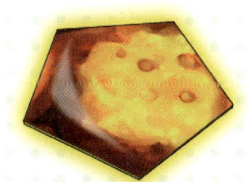

스퀴스

풍별의 에너지 물질. 지구에서는 흔한 돌멩이가 되었다가 풍별 빛에 다시 닿으면 제 모양을 찾는다.
정식 이름은 '스퀴스'이지만 딱지처럼 생겼다고 그냥 '딱지'라고도 부른다.

교과 연계

> 초등학교, 중학교 과학 교과서의 내용이 가득 실려 있어!

초등 과학 교과서	단원명
3-1	1. 물질의 성질 2. 자석의 이용
6-2	1. 전기의 이용 3. 연소와 소화 5. 에너지와 생활

중등 과학 교과서	단원명
과학2	1. 물질의 구성 2. 전기와 자기 8. 열과 우리 생활 9. 재해·재난과 안전
과학3	1. 화학 반응의 규칙과 에너지 변화 3. 운동과 에너지 6. 에너지 전환과 보존

풍마니 수강증

모험을 떠날 준비가 됐으면 수강증에 자신의 얼굴을 그려 보거나 사진을 붙여 봐!

수 강 증

이름 : _____

수강 과목 : 과학
수강 기간 :
다니는 학교 :
각오 :

위 사람은 장풍쌤의 열정 수강생
'풍마니'임을 증명함.

※본 수강증은 타인에게 양도할 수 없습니다.

마법 같은 ○○ 에너지의 비밀은?

초등 풍마니들! 본격적으로 모험을 떠나기 전에 꼭 알아야 할 것들이 있습니다! 이 영상을 보고 만화를 보면 재미가 **2배** 될 거예요!

장풍쌤의 **과학풍딱지** 1권 전기

선행 강의

프롤로그
지금으로부터 24년 전….

푸하아

악

반짝

반짝

오늘도! 최선을 다하고! 오늘도! 즐겁게 장풍하자꾸나!

자! 오늘은 에너지에 대해 배워 볼 거야.

네!

척

오! 풍딱지다!

에너지란? 어떤 물체가 일을 할 수 있는 능력

풍딱지를 꺼낸 이유는 뭐다? 엄청 중요하다는 얘기다!

에너지는 어떤 물체가 일을 할 수 있는 능력이야. 날아가는 이 풍딱지도 에너지를 갖고 있지!

좌아악

에너지란? 어떤 물체가 일을 할 수 있는 능력

텅

*언어유희 : 말이나 글자를 소재로 하는 놀이. 말 잇기 놀이, 새말 만들기 따위가 있음.

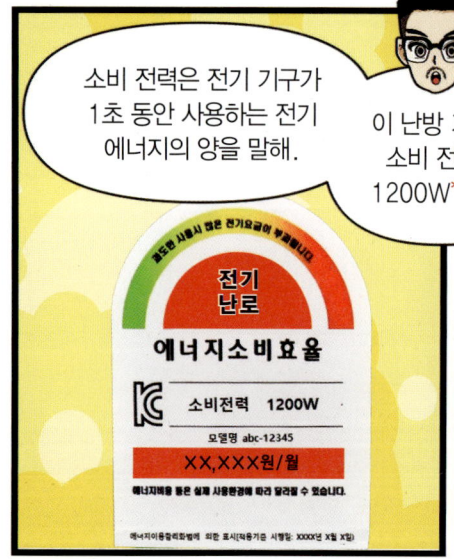

*W : 전력의 단위. '와트'라고 읽음.
*시추 : 지하자원을 탐사하거나 지층의 구조 따위를 조사하려고 땅속 깊이 구멍을 파는 일.

에너지란 무엇일까

에너지란 어떤 물체가 일을 할 수 있는 능력을 말해. 전등에 불이 들어오고, 자동차가 움직이고, 난로가 뜨거워지고, 스피커에서 소리가 나는 것 등이 모두 에너지가 있어서 가능한 거야. 에너지가 클수록 일을 더 많이 할 수 있고, 일을 하면 에너지를 쓰게 되지. 우리는 매일 다양한 에너지를 쓰면서 살아가고 있어.

여러 가지 에너지

● 운동 에너지
달리는 자동차나 흐르는 물같이, 움직이는 물체가 가지고 있는 에너지야. 바람이 풍차 날개를 돌리는 것처럼, 운동하는 물체는 다른 물체에 일을 할 수 있는 능력이 있어.

● 빛에너지
전자기파의 일종인 빛이 가지고 있는 에너지로, 태양이나 전구 등의 빛으로부터 전달된 에너지야. 물체의 온도를 높이거나 어둠을 밝히는 일을 해. 식물의 광합성에도 꼭 필요해.

● 화학 에너지
물질이 갖고 있는 에너지 중에서 화학 변화에 의해 다른 에너지로 바꿀 수 있는 에너지야. 음식물에 저장된 화학 에너지는 우리 몸의 생명 활동을 위해 사용되며, 건전지에 저장된 화학 에너지는 전자 기기나 전기차를 작동시키지. 석탄이나 석유의 화학 에너지는 주로 연료로 쓰여서 기계와 엔진을 움직여.

● 소리 에너지
물체의 진동에 의해 발생하는 에너지로, 생활에서는 오디오, 텔레비전, 라디오 등을 통해 소리 에너지를 이용해.

● 위치 에너지
물체의 위치가 변함에 따라 생기는 에너지로, 높은 곳에 있는 물체일수록 에너지가 커. 수력 발전소는 높은 곳에서 물이 떨어지는 힘으로 발전기를 돌려.

● 전기 에너지
전자가 이동할 때 발생하는 에너지로 텔레비전, 전등같이 우리 생활에서 이용하는 여러 전기 기구를 작동하게 해.

● 열에너지
물체의 온도를 변화시키거나 상태를 변화시키는 에너지로, 화석 연료를 태워 얻거나 전기 에너지를 통해 얻어. 음식을 익히거나 방을 따뜻하게 하는 데 이용돼.

에너지 전환

에너지는 한 형태에서 다른 형태의 에너지로 바뀔 수 있는데, 이것을 '에너지 전환'이라고 해. 예를 들어, 식물은 광합성 과정에서 태양의 빛에너지를 화학 에너지로 전환하여 성장에 필요한 에너지로 저장해. 또 손바닥을 비비면 열이 발생하는데, 이것은 운동 에너지가 마찰에 의해 열에너지로 바뀐 거야.

● 운동 에너지 → 열에너지   ● 화학 에너지 → 운동 에너지   ● 위치 에너지 → 운동 에너지

손을 비벼 열을 낼 때   연료를 넣은 자동차가 달릴 때   놀이기구가 높은 곳에서 떨어질 때

전기 에너지 전환

우리가 일상생활에서 사용하는 에너지는 대부분 전기 에너지를 전환한 거야. 전기 에너지는 다른 종류의 에너지로 쉽게 전환되고, 전환할 때 낭비되는 에너지가 적기 때문이야.

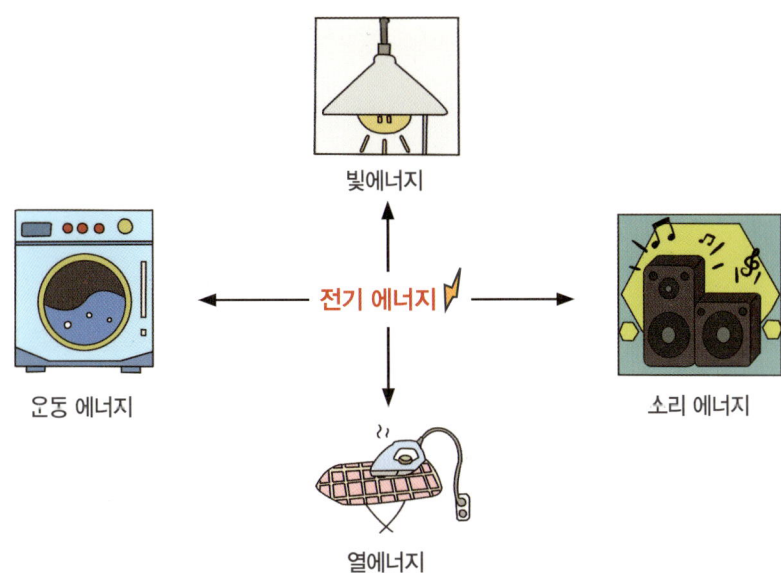

옆집도 깜깜해요!

어머, 그러게!

큰길 너머는 불빛이 있는 걸 보니, 이쪽만 정전이 된 것 같구나. 보통 몇 분이나 몇 시간 내에 복구되니까 일단 기다려 보자꾸나.

앗, 하이! 하이가 놀랐을 텐데!

허억

쿵

하이야!

빠악!!

윽!

쾅

아얏!

빠악!!

정전으로 일찍 문 닫습니다.

이제 어쩌지?

뭐지? 큰길에서 고양이 소리가 엄청 크게 들려!

가 보자! 혹시 하이가 있을지도 몰라!

응? 전선에서 전기가 풍이 몸으로 흘러가고 있는 것 같아!

전기는 눈에 보이는 에너지가 아닌데!

저희 눈에도 보여요! 풍이 전기를 흡수하고 있다고요!

마, 말도 안 돼….

펑 펑 후두둑

앗! 전깃줄이 녹았나 봐. 끊어졌어.

펑 후두 펑 두둑

얘들아, 위험해! 안전한 곳으로 피해!

타닥타다닥

일렉풍

작은 일렉풍의 모습

일렉풍을 풍별과 연결하는 호박색 스퀴스

큰 일렉풍의 모습

능력 : 전기 능력

전기를 흡수하고 전기를 뿜어 낸다.
전기를 흡수할수록 그만큼 몸이 커진다.
호박색 스퀴스를 바닥에 치면, 풍별에서 일렉풍이 지구로 들어온다.
일렉풍을 풍별로 보내는 것도 호박색 스퀴스로 가능하다.

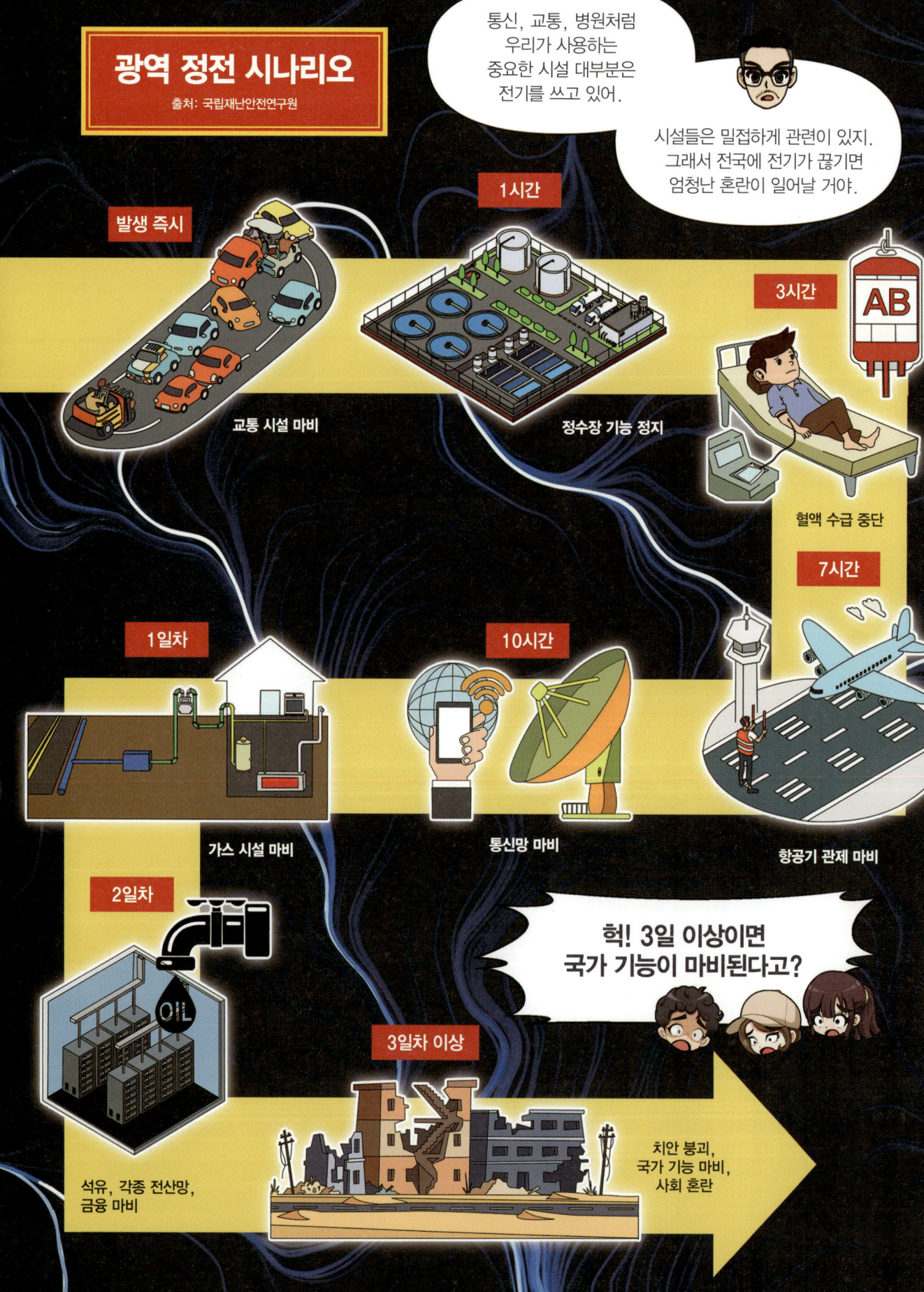

블랙아웃과 우리 생활

블랙아웃이란 특정 지역의 전기가 모두 끊기는 것을 말해. '대정전'이라고도 하지. 블랙아웃이 발생하면 한 지역 전체의 전력 공급이 끊기게 돼. 전력망은 지역별로 거미줄처럼 서로 연결돼 있기 때문에 다른 지역까지 연쇄적으로 정전이 일어나. 심한 경우 전국적인 정전 사태가 발생할 수 있어.

우리나라에서도 블랙아웃이 일어난 적 있어. 바로 '9·15 순환 정전'이야. 2011년 9월 15일, 무더위로 전기 사용량이 급격히 늘어나자, 전력 거래소는 블랙아웃을 막기 위해 기습적으로 전국 곳곳의 전기를 끊었어. 이날 발생한 정전으로 약 13개 시의 24만 가구가 크고 작은 피해를 겪었지.

여러 나라에서 일어난 블랙아웃

● 미국 북동부 대정전

2003년 8월, 미국 7개 주와 캐나다 1개 주가 암흑이 된 적이 있어. 미국 오하이오에 위치한 발전소에 갑작스럽게 정전이 발생하자 주변 발전소로 전기 수요가 몰렸고, 수요를 감당하지 못한 발전소들이 연쇄적으로 멈췄기 때문이야.

교통은 거의 마비되었고, 촛불 사용으로 화재가 늘었어. 상점들은 약탈을 막으려고 가게 문을 닫아 버려서 생필품을 구하기도 쉽지 않았어. 3일 만에 복구되었지만 5,000만 명이 넘는 시민들이 불편을 겪어야 했고, 큰 경제적 손실도 발생했어.

2003년 캐나다 온타리오주 토론토 정전 모습

● 베네수엘라 대정전

2019년 3월, 베네수엘라에서는 전체 전력의 3분의 2를 공급하는 수력 발전소의 고장으로 전국 23개 주에서 전기가 끊기고 5일 이상 정전이 일어났어. 병원에서는 의료 장비를 사용할 수 없어 환자들이 사망했고, 지하철 운행은 물론 신호등이 켜지지 않아 교통도 멈추었지. 뿐만 아니라, 냉장고 음식이 상하고 사람들은 상점을 약탈했어. 전국이 대혼란에 빠지자 베네수엘라 국회가 국가 비상 사태를 선포했어.

정전 발생 시 대처 요령

● 집 안에서 정전이 발생했을 때

발생 직후
- 비상 조명 켜기
- 주변 정전 상황 확인

우리 집만 정전 시
- 가전 기기 플러그 뽑기
- 누전 차단기, 개폐기 퓨즈 이상 유무 확인

이웃집 모두 정전 시
- 자동 복구될 때까지 일단 대기
- 한전 선로나 전기 설비 고장 확인

● 외부에서 정전이 발생했을 때

야외에서
- 신호등, 지하철 등 먹통 시, 경찰 안내에 따라 행동

엘리베이터에서
- 비상 버튼 눌러 관리 사무소에 연락
- 층별 버튼 위에 있는 승강기 번호 7자리 확인해 119에 신고

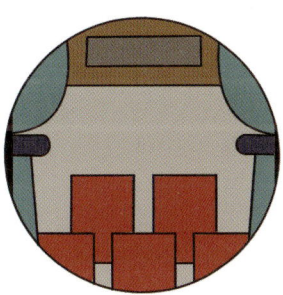

극장, 마트 등에서
- 비상 조명 켜질 때까지 대기
- 비상구에서 가까운 순으로 차례대로 대피

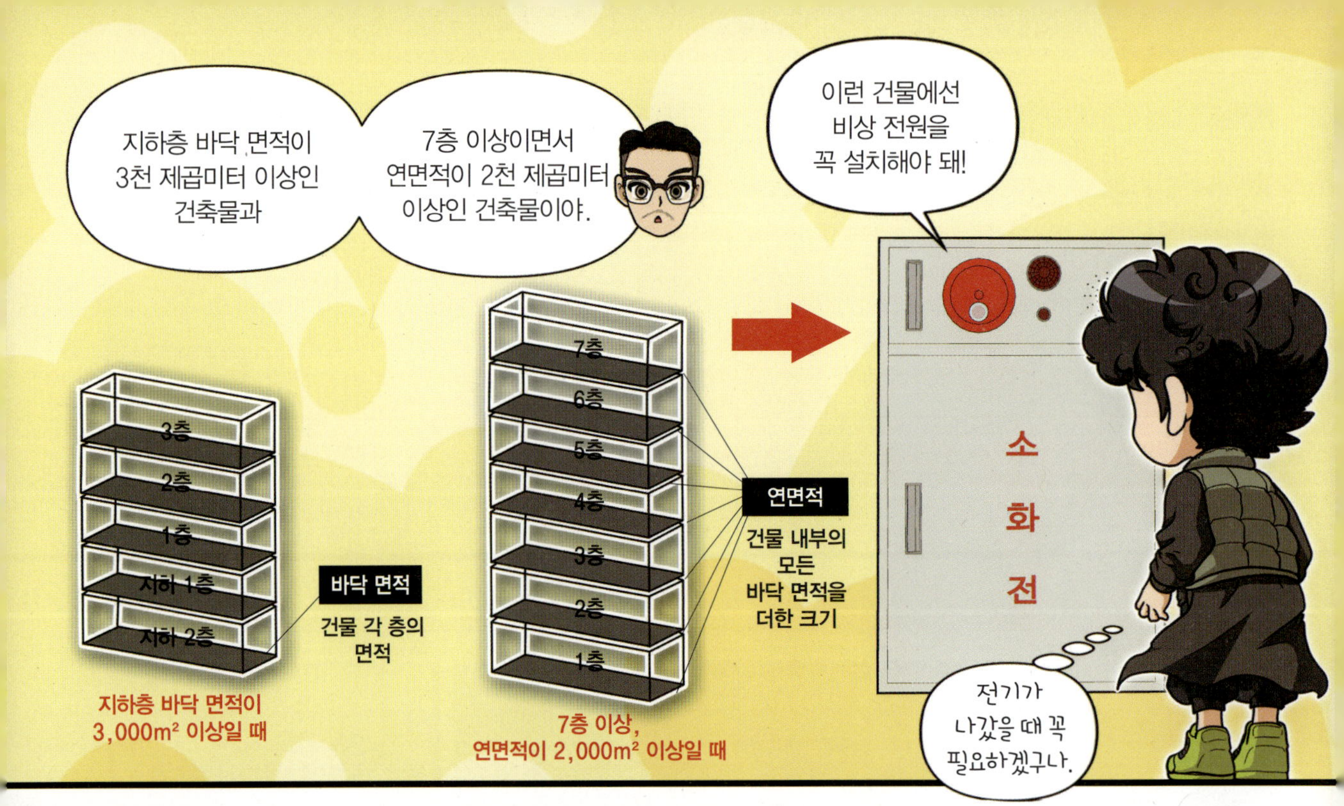

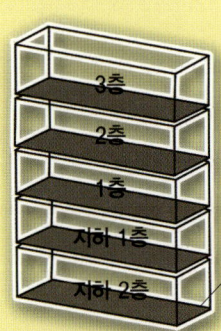

응?

스퀴스는 딱지처럼 납작해서 사람들은 부르기 쉽게 그냥 '딱지'라고 불렀지.

반짝

이게 뭐지? 애들이 가지고 노는 딱지처럼 생겼는데?

옛다. 갖고 놀아라.

척

오오오! 강력한 딱지다!

에너지를 되찾은 스퀴스에 큰 자극을 주면

와아

퍼

엉

편리하지만 위험한 전기

전기 에너지는 가정에서부터 학교, 직장, 산업 현장 등 넓은 분야에 걸쳐 사용되며 없어서는 안 될 아주 중요한 에너지야. 하지만 전기는 눈으로 볼 수 있거나, 코로 냄새를 맡거나, 귀로 소리를 들을 수 없기 때문에 아주 조심히 다뤄야 해. 만약 전기를 잘못 사용하면 감전 사고나 화재 등의 재해를 일으킬 수 있어.

전기 화재 및 감전 사고의 원인

● 단락(합선)

전선 피복이 벗겨지거나 다른 원인으로 두 가닥의 전선이 서로 붙어 버린 거야. 이렇게 되면 허용된 전류보다 훨씬 높은 전류가 전선에 흘러 엄청난 열이 발생하게 돼. 그 결과 전선이 녹거나 열로 인해 스파크가 발생하여 화재가 일어날 수 있어.

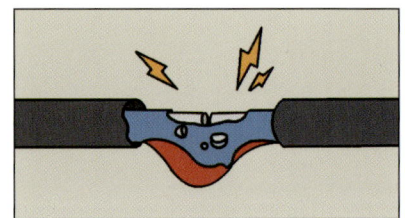

● 과부하(과전류)

전기 기기 또는 전선에 정해진 허용 전류보다 높은 전류가 흐를 때 온도가 올라 전기 설비가 망가지거나 화재의 위험이 생길 수 있어.

● 접촉 불량

플러그가 콘센트에 완전히 접촉되지 않으면 접촉 불량으로 과열되어 화재와 감전 사고로 이어질 수 있어.

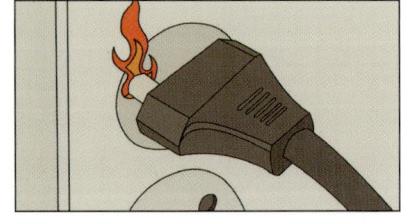

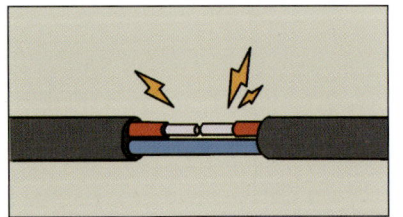

● 누전

전선을 감싼 피복이 낡거나 손상되어 일정량 이상의 전류가 새는 것으로, 감전이나 화재의 원인이 돼.

전기 안전 수칙

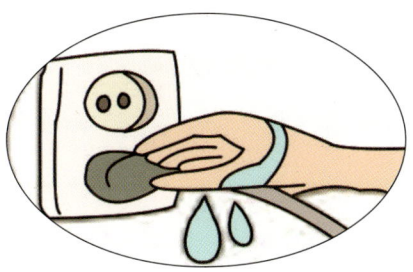

젖은 손으로 플러그나 스위치 만지지 않기
전기는 물기가 있을 때 더욱 잘 통해서 감전의 위험이 매우 커.

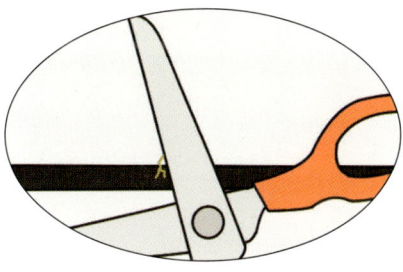

전선을 가위나 칼로 자르지 않기
전선에 흐르는 전기가 몸속으로 흘러 감전될 수 있어.

전기 코드는 반드시 플러그를 잡고 빼기
코드를 뽑을 때 전선을 잡아당기면 전선이 끊어지거나 합선될 수 있어.

비 오는 날 거리 신호등이나 가로등 만지지 않기
신호등이나 가로등에는 모두 전기가 흐르고 있으니 항상 조심해야 해.

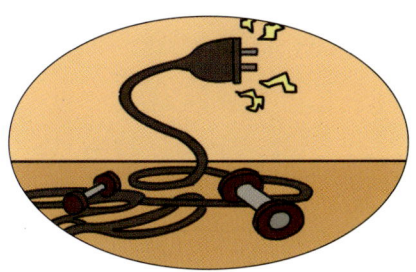

전선이 꼬이게 하거나 전선 위에 무거운 물건 올려놓지 않기
전선이 꼬이거나 무거운 물건에 눌리면 전선이 끊어지면서 화재가 발생할 수 있어.

한 콘센트에 여러 개의 플러그를 꽂지 않기
한꺼번에 많은 전류가 흘러 화재가 날 수 있어. 직접적인 전기 화재의 경우에는 물을 뿌리면 감전될 수 있으니 이산화 탄소 소화기를 사용해야 해.

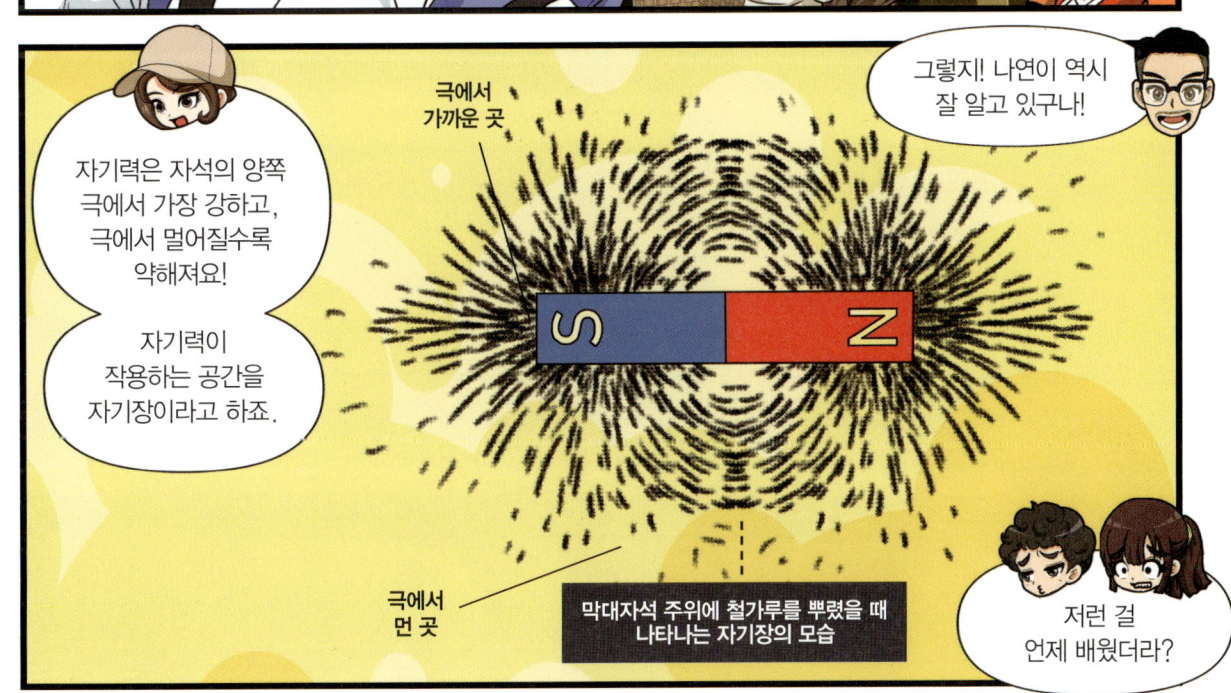

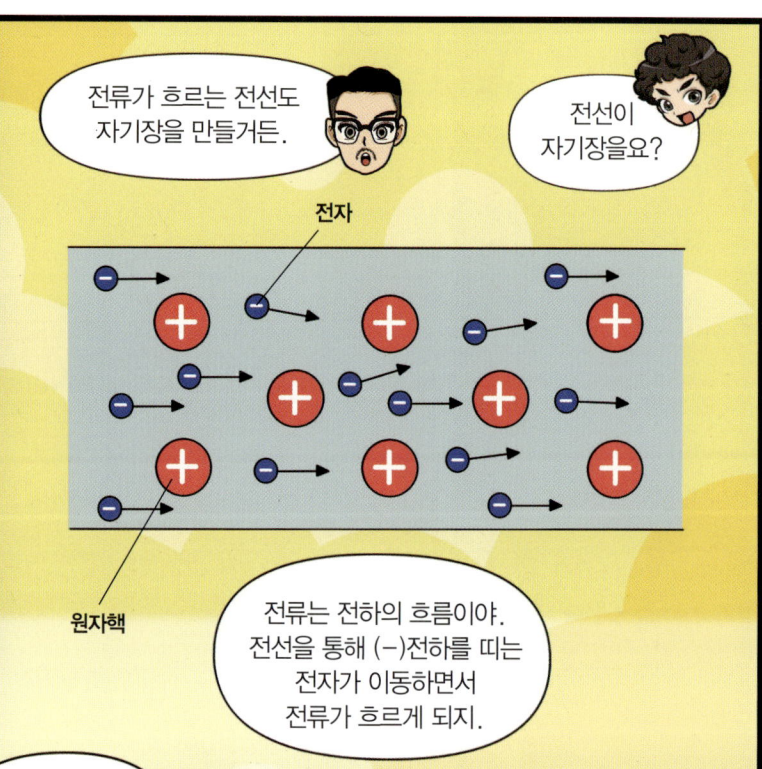

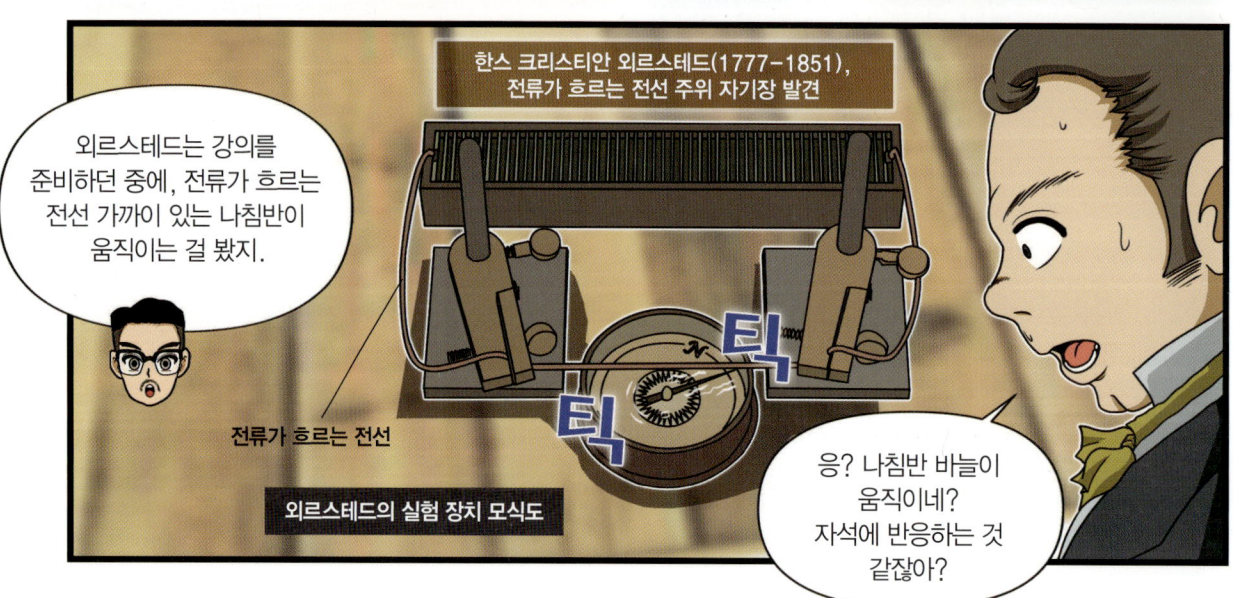

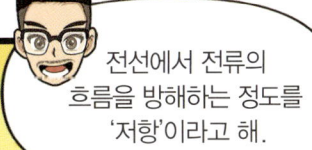
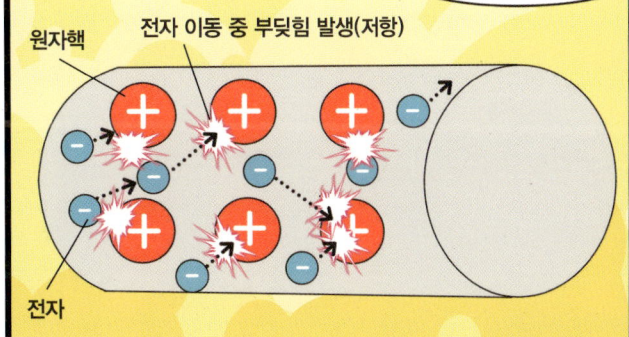

<4강 옴의 법칙>
재미있는 강의를 보며
자세히 알아보세요!

자, 이렇게 차들이 주차된 자전거 도로 두 개가 있어. 어느 것이 더 지나가기 힘들까?

긴 자전거 도로

짧은 자전거 도로

당연히 긴 게 힘들죠! 더 오래 가야 하잖아요!

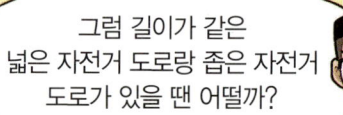

그럼 길이가 같은 넓은 자전거 도로랑 좁은 자전거 도로가 있을 땐 어떨까?

넓은 자전거 도로

좁은 자전거 도로

넓은 자전거 도로가 훨씬 이동하기 쉽죠!

저항도 전선의 굵기가 가늘수록, 길이가 길수록 커지고

반대로 전선의 굵기가 굵을수록, 길이가 짧을수록 작아져.

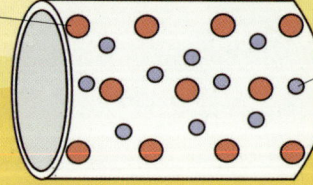

원자핵   가늘고 긴 전선 : 저항이 큼   전자

짧고 굵은 전선 : 저항이 작음

자전거 도로에 주차된 차들이 많아서 지쳐. 속도도 점점 느려지고.

저항이 직렬 연결이라 그래. 병렬 연결이면 덜 힘든데.

그건 또 뭔 말이에요?

불을 켜는 전구나 전기 기구는 전류의 흐름을 방해하는 저항으로 작용한단다.

전구를 연결한 회로

바박

삐뽀 삐뽀

전기 괴물이 다리를 건너가고 있습니다!

너만의 점을 위한 바람 과학 노트
전자석의 발견과 이용

전자석은 '전기로 만든 자석'이라는 뜻으로, 이 자석은 전류가 흐르는 동안에만 자석의 성질이 나타나는 특이한 자석이야. 전자석은 전류가 흐르는 코일 속에 철심을 넣어 만든 자석으로, 전류가 흐르는 도선 주위에 자기장이 형성되는 성질을 이용한 거지.

전자석의 발견

200년 전만 해도 과학자들은 '전기'와 '자기'가 별개의 현상이라고 여겼어. 그런데 전류가 흐를 때 자기장이 생기는 성질을 이용하면 자석을 만들 수 있다는 사실을 어떻게 알아냈을까?
바로 자석 주위의 자기장 속에서 나침반의 바늘이 움직이는 것처럼, 전류가 흐르는 전선 주위에서도 나침반 바늘이 움직인다는 것을 발견하면서부터야. 1820년 덴마크의 과학자 외르스테드가 그 사실을 발견했지.
전자석은 막대 자석과 달리 전기의 흐름을 바꿔서 양쪽 극을 바꿀 수도 있고, 자석의 세기를 마음대로 조절할 수도 있어.

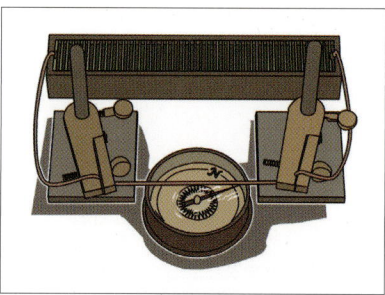

외르스테드 실험 장치 모식도

우리 주변에는 전자석의 원리를 이용한 제품들이 있어. 전자석 기중기는 전류가 흐르는 동안에 자석이 되는 전자석의 성질을 이용해 만든 거야. 기중기의 전자석에 전류를 흘리면 전자석이 자석의 성질을 띠기 때문에 철제품이 달라붙어. 달라붙은 철제품을 원하는 장소에 옮겨 놓고 전류를 끊으면 전자석이 자석의 성질을 잃어 철제품이 기중기에서 떨어져 쉽게 철제품을 옮길 수 있지.

전자석 기중기 모습

전류·전압·저항의 관계

전류는 전하의 흐름, 전압은 전류를 흐르게 하는 능력, 저항은 전하의 흐름을 방해하는 정도야. 이들의 관계는 '옴의 법칙'으로 설명할 수 있어.

옴의 법칙

전압이 2배가 되면, 전기 회로에 흐르는 전류의 세기가 2배가 되면서 전구의 밝기도 밝아져. 반면에 저항이 2배가 되면 전기 회로에 흐르는 전류의 세기가 반으로 줄어서 전구의 밝기도 줄어. 이는 전압은 전류가 흐르게 해 주고 저항은 전류의 흐름을 방해하기 때문이야. 즉, 전압과 전류는 비례하고, 반대로 저항과 전류는 반비례한다는 거지. 이게 바로 '옴의 법칙'이야.

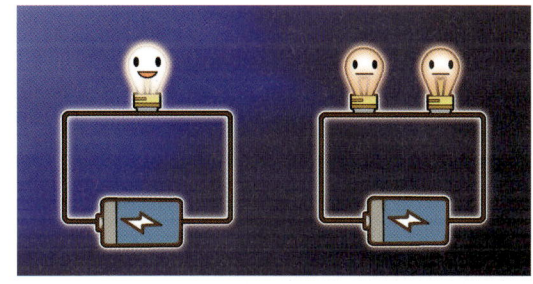

전구 2개를 직렬 연결하면 저항이 커져 전구의 밝기가 줄어든다.

옴의 법칙은 1826년 독일의 물리학자 옴이 발견했어. 옴은 다양한 길이와 굵기, 재질을 가진 도선에 전류를 흘려서 셀 수 없이 많이 측정한 후 전압과 전류와 저항의 관계를 알아냈어. 저항의 단위인 Ω(옴)이라는 글자도 옴의 법칙을 발견한 옴의 이름에서 따온 거야.

옴의 법칙을 이용하면 전기 기구를 작동할 때 필요한 저항의 크기를 알아낼 수 있어. 그래서 옴의 법칙은 전기 기구에서 많이 사용되고 있지. 전기 기구가 제대로 작동하려면 그 기구에 딱 맞는 전류가 흘러야 하거든.
선풍기 바람 세기를 조절할 때, 조명의 밝기를 조절할 때, 오디오 볼륨을 조절할 때 등, 부품 속 저항기로 전류의 세기를 조절해 소리의 크기나 바람의 세기를 바꾸는 거야.

물리학자 게오르크 옴

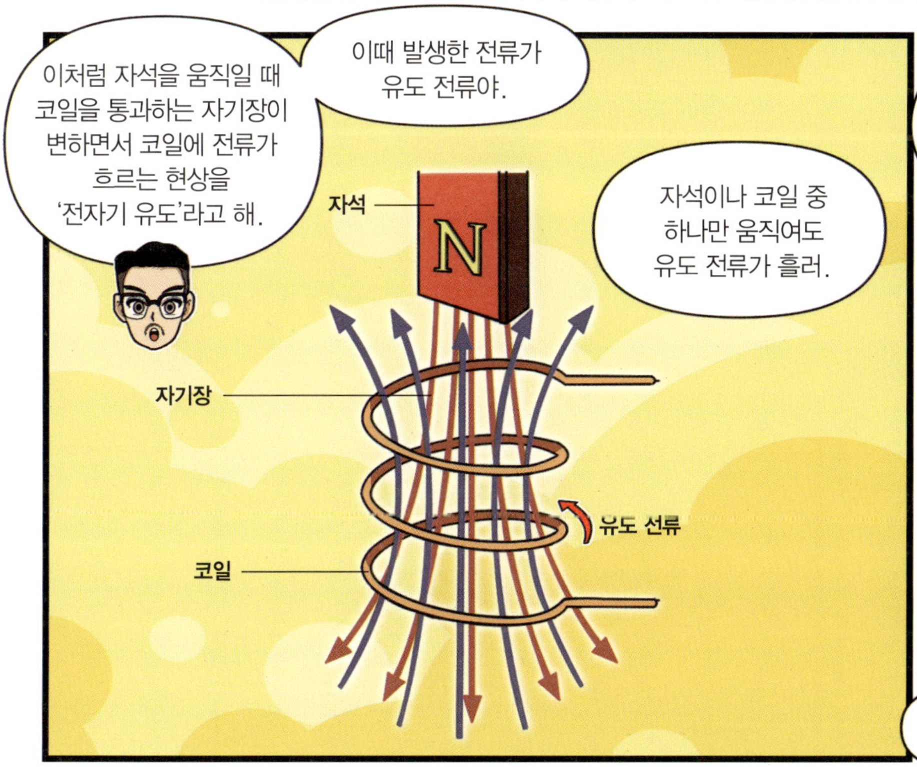

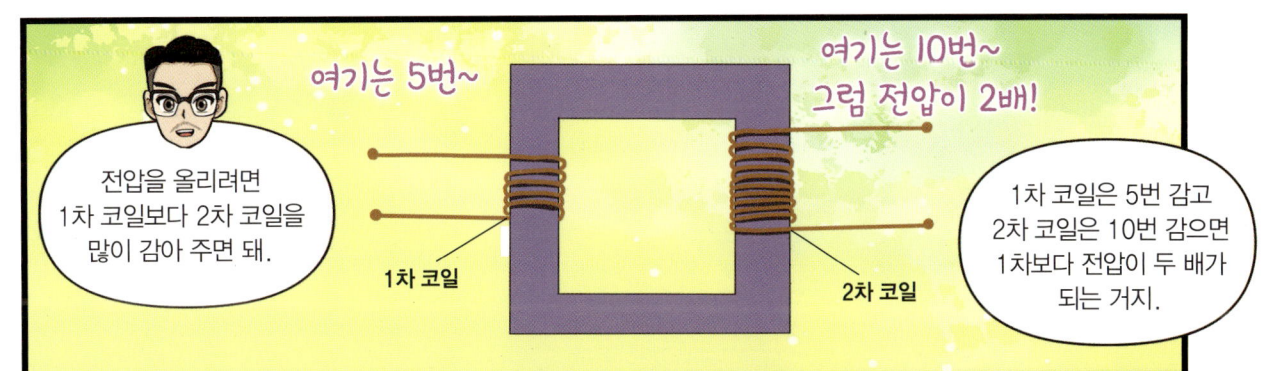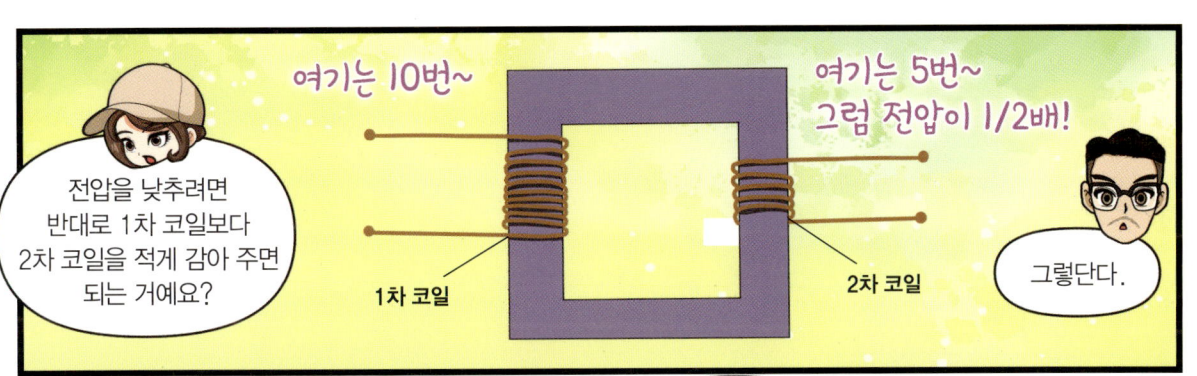

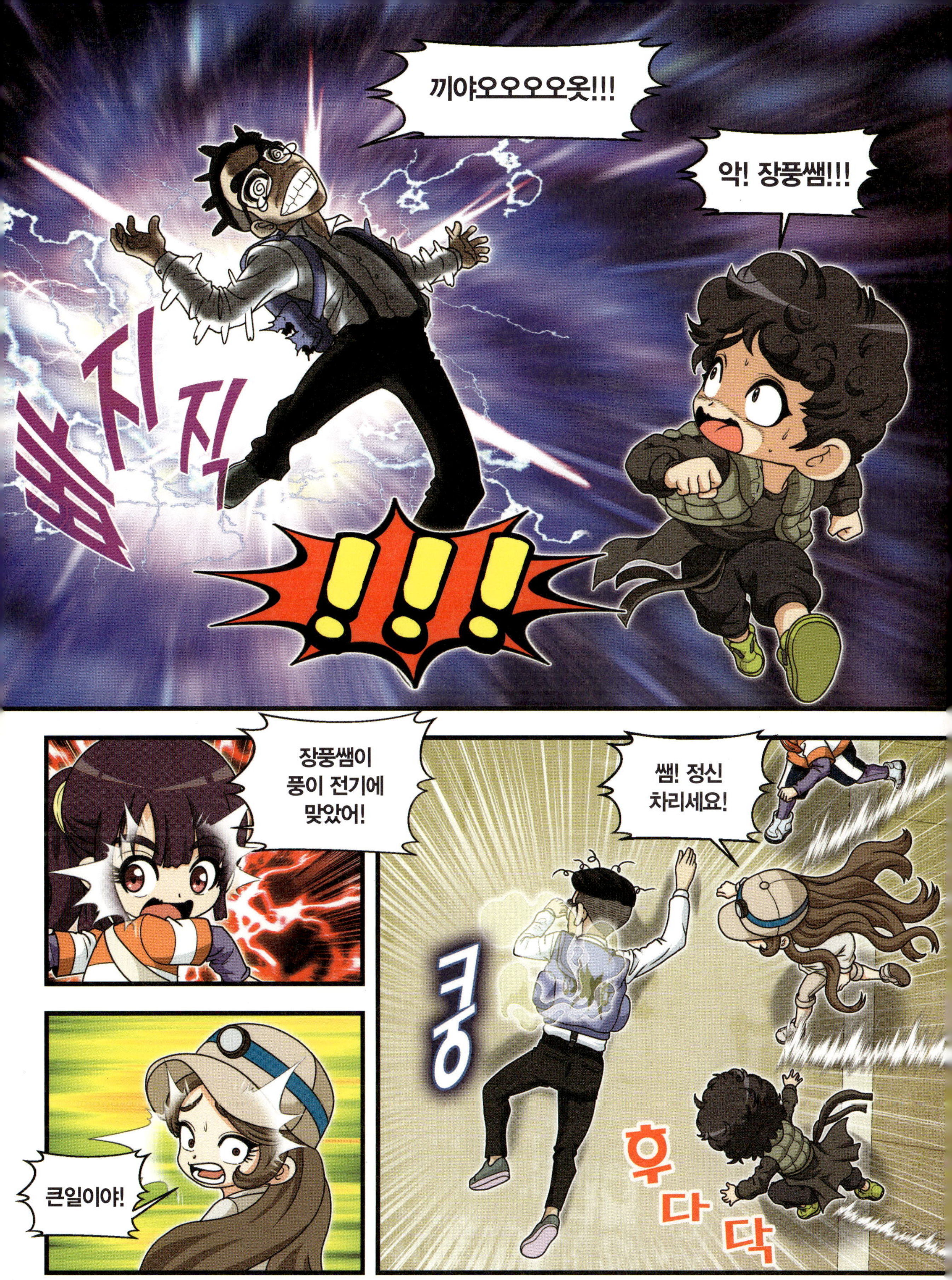

끼야오오오오옷!!!
악! 장풍쌤!!!
빠지직
!!!
장풍쌤이 풍이 전기에 맞았어!
큰일이야!
쌤! 정신 차리세요!
쿵
후다닥

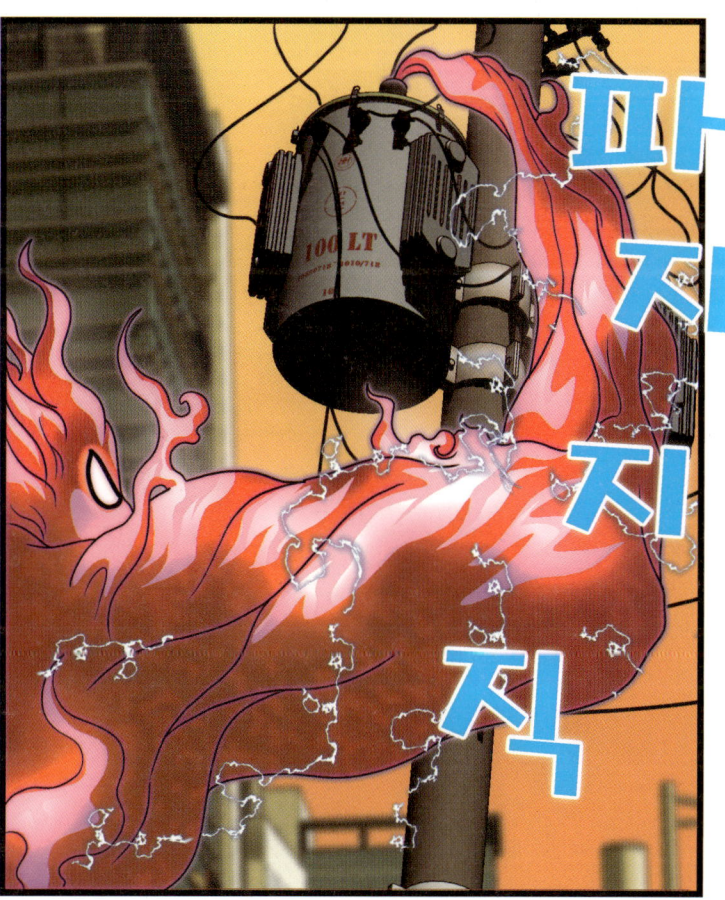

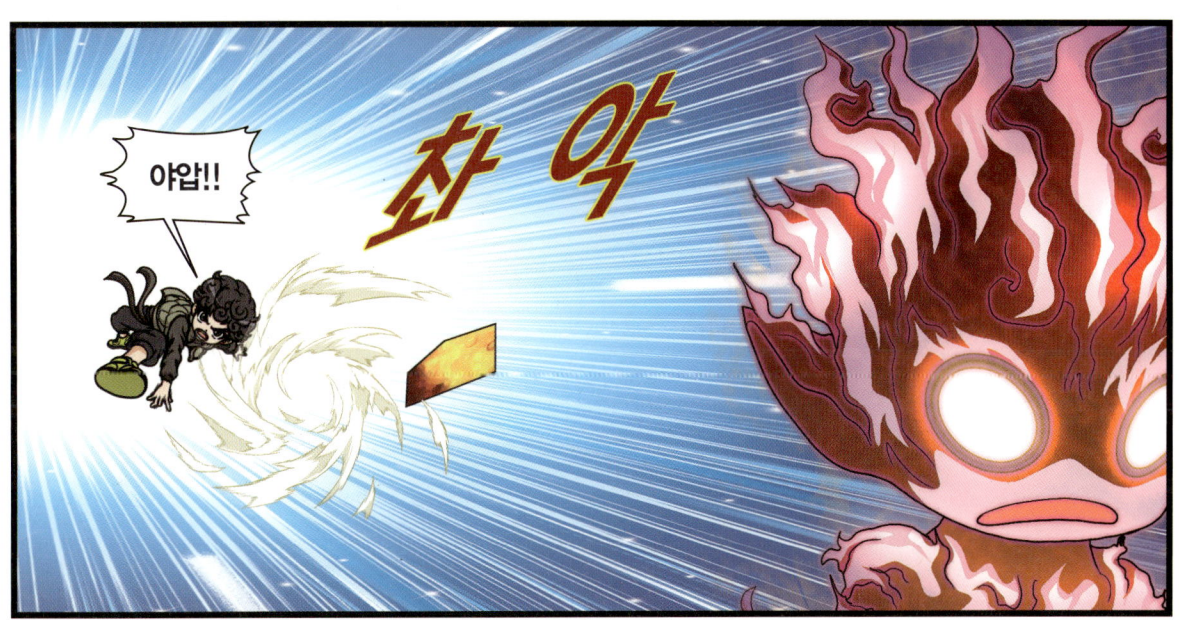

앗! 딱지가 커진다!

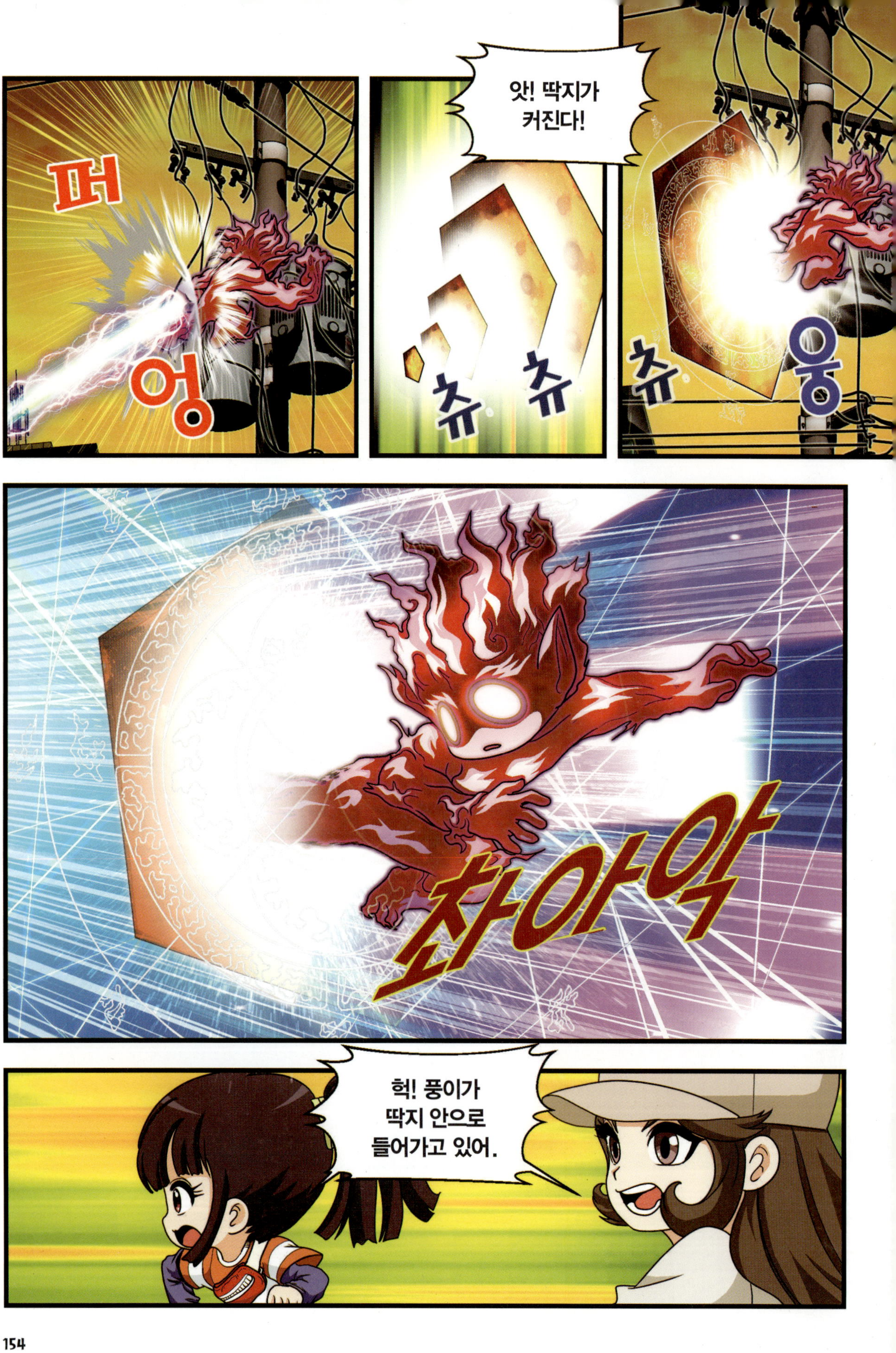

헉! 풍이가 딱지 안으로 들어가고 있어.

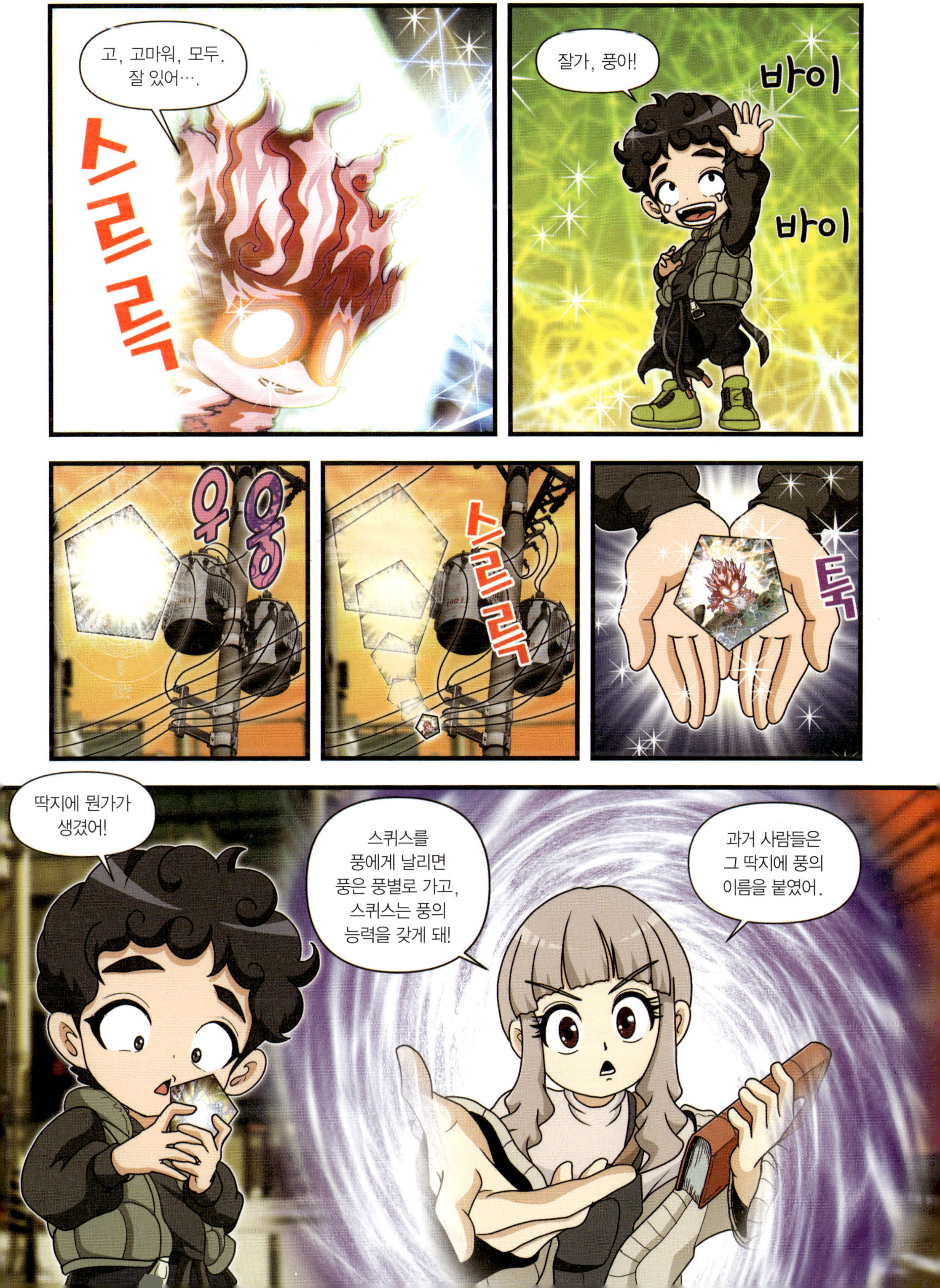

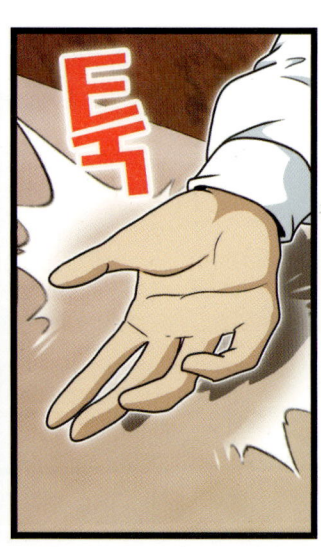

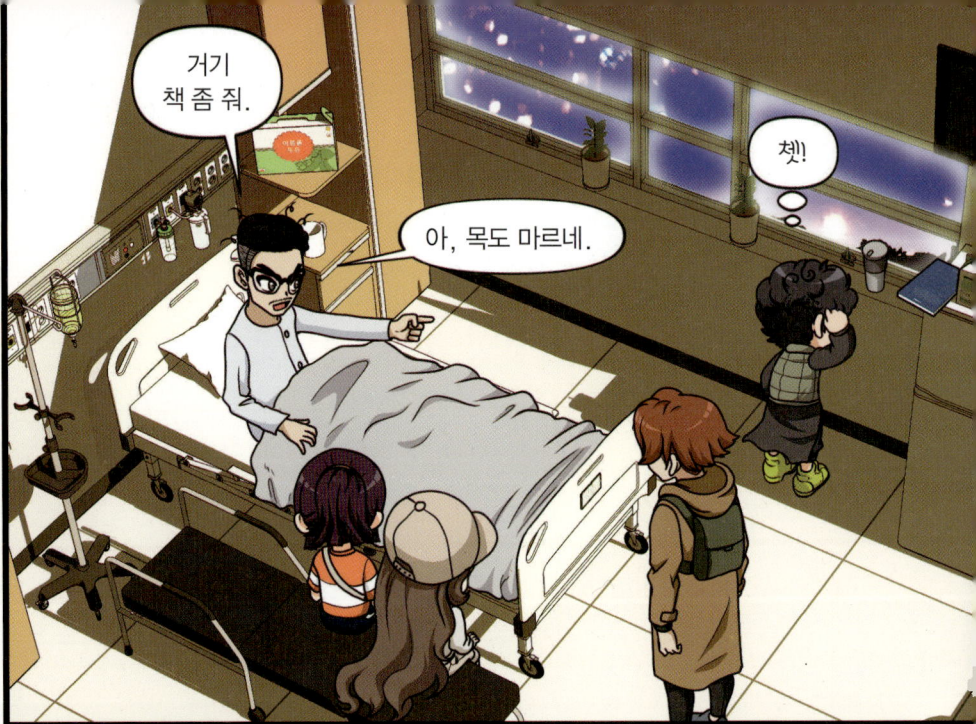

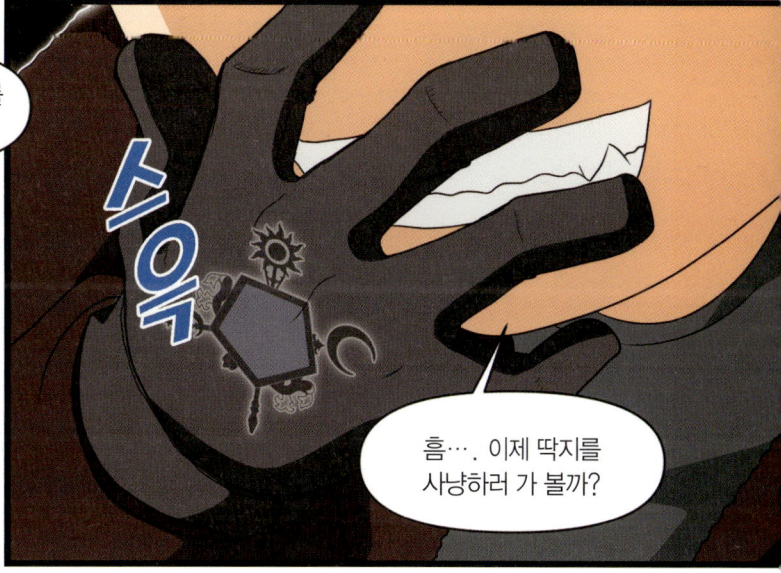

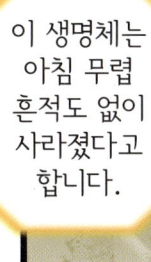

전기 생산과 에너지 절약

콘센트에 플러그만 꽂으면 아주 편리하게 이용할 수 있는 전기! 전기를 만드는 방법과 에너지원에 따라 화력 발전소, 원자력 발전소, 수력 발전소, 조력 발전소 등으로 나뉘어. 발전소에서 만들어진 전기는 변압기를 통해 적절한 전압으로 바뀌어 가정이나 학교, 공장 등으로 보내지지. 우리는 이렇게 만들어진 전기를 항상 소중하게 생각하고 사용해야 해.

발전소의 종류

- **화력 발전소**

석탄, 석유, 천연가스 등의 화석 연료를 태울 때 생기는 열로 물을 끓여 뜨거운 증기를 만들고, 그 증기로 터빈을 돌려 전기를 만들어.

- **원자력 발전소**

원자로 안의 핵분열 반응에서 얻는 열로 물을 끓이고, 이때 나오는 증기로 터빈을 돌려 전기 에너지를 얻어.

- **수력 발전소**

높은 곳의 물을 낮은 곳으로 떨어뜨리는 힘으로 수차를 돌리면 수차에 연결된 발전기가 돌아가 전기가 만들어져.

- **조력 발전소**

밀물일 때 들어온 바닷물을 가두었다가, 썰물이 되면 바닷물을 내보내면서 그 힘으로 전기를 만들어.

이 외에도 바람의 힘을 이용하는 풍력 발전, 뜨거운 태양 빛을 이용하는 태양광 발전, 땅속 열에너지를 이용하는 지열 발전 등 다양한 방법으로 전기를 만들어.
우리나라는 화력 발전과 원자력 발전 방식으로 많은 전기를 생산하고 있지. 석유나 천연가스, 우라늄 등은 모두 외국에서 돈을 주고 수입해. 수입에 의존하지 않는 석탄도 앞으로 몇십 년 뒤면 다 써서 모두 없어질지도 몰라. 우리 모두 에너지 자원을 아껴 쓰도록 노력해야 해.

화력 발전소 모습

원자력 발전소 모습

수력 발전소 모습

조력 발전소 모습

생활 속 에너지 절약 방법

CHECK LIST

☑ **사용하지 않는 플러그 뽑기!** 사용하지 않아도 콘센트에 플러그를 꽂아 두면 계속 전기가 흐르기 때문이야.

☑ **냉장고를 쉬게 해 줘!** 냉장고에 뜨거운 음식을 바로 넣으면 더 많은 전기를 쓰게 되기 때문에 음식을 넣을 때는 식혀서 넣어. 냉동실 문을 6초간 열어 두면 올라간 온도를 다시 내리는 데 30분이 걸리므로 자주 열지 않는 것이 좋아.

☑ **겨울철에는 내복을 입어!** 겨울철에 내복을 입고 실내 온도를 1℃만 줄이면 에너지를 약 6% 아낄 수 있어. 겨울철 실내외 온도 차가 크면 감기 등의 병에 걸리기 쉬우니 18~20℃ 정도로 유지하는 것이 좋아.

☑ **권장 냉난방 온도를 준수해!** 여름철은 26~28℃, 겨울철은 18~20℃가 적정 냉난방 온도야. 냉난방 온도를 1℃ 조절하면 7%의 에너지를 절약할 수 있어.

☑ **에너지 효율 등급이 높은 제품을 선택해!** 가전 제품을 살 땐 에너지 등급을 확인해. 효율 1등급 제품을 사용하면 5등급 제품에 비해 약 30~40%의 에너지를 절약할 수 있어.

☑ **찬물로 세탁해!** 세탁기를 돌릴 때 사용되는 에너지의 90%가 물을 데우는 데 소비돼. 찬물로 세탁을 해도 세탁 기능에는 큰 차이가 없어. 꼭 필요한 경우는 미온의 물로 세탁해.

속전속결 QUIZ 1장. 풍의 등장

1. ☐ 안에 들어갈 말은 무엇일까요?

2. 다음은 어떤 에너지에서 어떤 에너지로의 변화일까요?

   ① 위치 에너지 → 열에너지
   ② 운동 에너지 → 위치 에너지
   ③ 위치 에너지 → 운동 에너지
   ④ 열 에너지 → 위치 에너지

   놀이기구가 높은 곳에서 떨어지고 있다.

3. 물체가 마찰할 때 전기가 발생하는 원인은 무엇일까요?

   ① 물체끼리 마찰하면 자연스럽게 생기기 때문에
   ② 전자가 이동하면서 에너지가 생기기 때문에
   ③ 화학 에너지가 전기 에너지로 바뀌면서 생기기 때문에

4. 다음 원자 모형에서 전자가 그림과 같이 있다면, 원자핵의 합은 얼마가 될까요?

   ① 2
   ② 3
   ③ 4
   ④ 5

속전속결 QUIZ — **2장. 블랙아웃**

1. 맞는 말에 O, 틀린 말에 X를 해 보세요.

   ① 블랙아웃은 특정 지역의 전기가 끊기는 일을 말한다. (O, X)
   ② 전기 수요가 한꺼번에 몰려도 정전될 가능성은 매우 희박하다. (O, X)
   ③ 대도시는 지역별로 전력망이 서로 거의 연결돼 있다. (O, X)
   ④ 우리나라에서는 순환 정전이 일어난 적이 있다. (O, X)

2. 만화에서 정상이네 마을이 정전이 되었을 때, 부모님이 계셨던 병원의 의료 기기는 어떻게 작동할 수 있었을까요?

   ○○ ○○○ 를 작동시켜서.

3. 정전이 발생했을 때 하지 말아야 할 행동은 무엇일까요?

   ① 가전 기기의 플러그를 뽑는다.
   ② 전봇대의 스위치를 마구 눌러 본다.
   ③ 누전 차단기나 개폐기 퓨즈에 이상이 있는지 확인한다.
   ④ 실내에서는 비상구에서 가까운 순으로 차례대로 대피한다.

속전속결 QUIZ 3장. 풍 전설

1. ☐ 안에 들어갈 말을 써 보세요.

> 물질이 산소와 결합해 열과 빛을 내는 화학 반응을 '연소'라고 하며, 그중 고의 또는 실수로 발생된 연소 현상을 ☐라고 한다. 이것은 '불로 인한 재난'을 뜻한다.

☐

2. 이 그림과 가장 관련 있는 것은 무엇일까요?

① 합선
② 감전
③ 누전
④ 과전류

3. 우리 동네에서 화재가 일어난 경우를 찾아보고 짧은 보고서를 써 보세요.

우리 동네 화재 재난 보고서

일시: 20◯◯년 ◯월 ◯일
장소:
화재 발생 원인:
결과 또는 피해:
느낀 점:

속전속결 QUIZ   4장. 일렉풍을 찾아서

1. 자기력에 대한 설명으로 알맞은 것은 무엇일까요?

   ① 자석과 자석 사이에 밀거나 당기는 힘
   ② 전류의 흐름을 바꾸는 힘
   ③ 전자가 이동하며 생기는 힘
   ④ 전류의 양을 2배로 만드는 힘

2. 그림에서 전자가 이동할 때 원자핵과 충돌하며 생기는 것을 무엇이라고 할까요?

   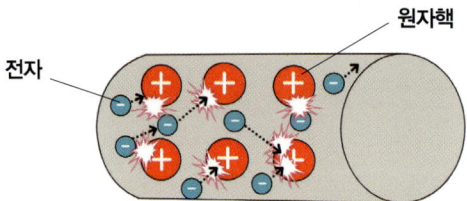

   _____

3. 자전거가 전자, 도로를 전선이라고 했을 때, 다음 중 저항이 큰 쪽에 각각 O를 해 보세요.

   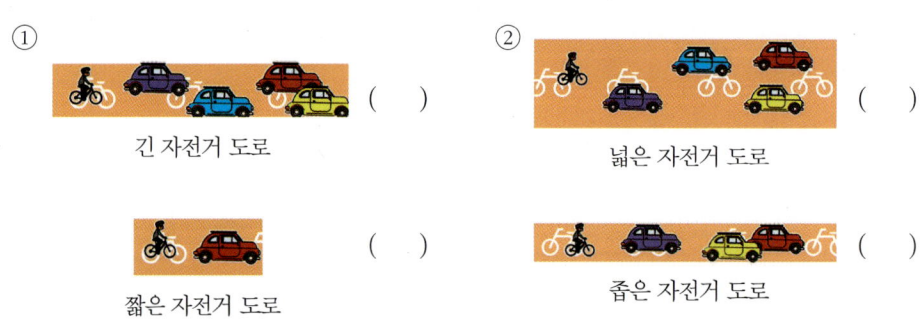

   ① 긴 자전거 도로 ( )   ② 넓은 자전거 도로 ( )
   짧은 자전거 도로 ( )   좁은 자전거 도로 ( )

4. 관련 있는 것끼리 선으로 연결해 보세요.

   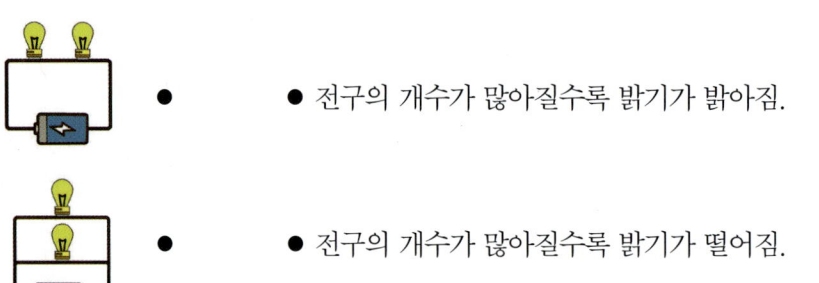

   ● 전구의 개수가 많아질수록 밝기가 밝아짐.
   ● 전구의 개수가 많아질수록 밝기가 떨어짐.

속전속결 QUIZ 5장. 새로운 딱지

1. ☐ 안에 들어갈 말은 무엇일까요?

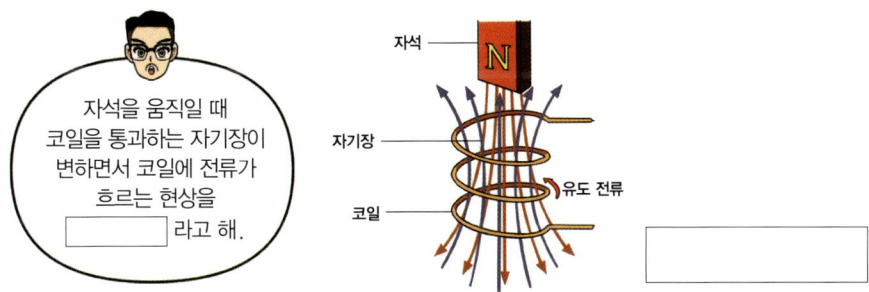

자석을 움직일 때 코일을 통과하는 자기장이 변하면서 코일에 전류가 흐르는 현상을 ☐☐☐☐ 라고 해.

2. 그림에서 전압의 크기가 어떻게 되는지 ↑, ↓ 화살표로 나타내 보세요.

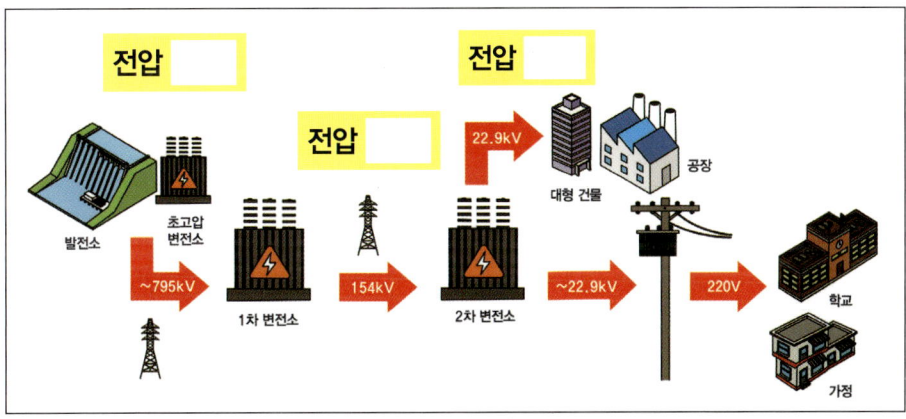

전압 ☐   전압 ☐   전압 ☐

3. 발전소에서 생산한 전기를 내보낼 때 전압을 높이는 까닭은 무엇일까요?

① 전압이 낮으면 위험하므로
② 전압이 높으면 바로 사용할 수 있으므로
③ 전력 손실을 줄이기 위해
④ 보내야 할 곳이 많으므로

4. 1차 코일 전압의 2배가 되도록 2차 코일에 선을 그려 보세요.

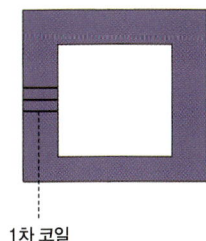

속전속결 QUIZ 정답

1장

1. 에너지
└ 어떤 물체가 일을 할 수 있는 능력을 말합니다. 전등에 불을 켜고, 자동차가 움직이는 것 등 모든 것들이 에너지 때문에 가능한 일입니다.

2. ③ 위치 에너지 → 운동 에너지
└ 높은 곳에서 낮은 곳으로 떨어지는 놀이기구는 위치 에너지가 운동 에너지로 전환되는 것을 보여 줍니다.

3. ② 전자가 이동하면서 에너지가 생기기 때문에
└ 평소에는 원자에 있는 (+)전하와 (-)전하의 양이 같은데, 두 물체가 마찰을 하면 전자가 한 물체에서 다른 물체로 이동하며 전기가 발생합니다.

4. ① 2
└ 평상시에는 전자의 합과 원자핵의 합이 같습니다. 전자가 2개 있으므로, 원자핵의 합도 2입니다.

2장

1. ① O / ② X / ③ O / ④ O

2. 비상 발전기

3. ② 전봇대의 스위치를 마구 눌러 본다.
└ 감전의 우려가 있으므로, 조심해야 합니다.

3장

1. 화재
└ 85쪽에 있는 QR 코드를 찍으면 연소와 화재에 대한 자세한 설명을 들을 수 있습니다.

2. ④ 과전류
└ 일상생활에서 사용되는 모든 전기 장치에는 정격 전력이 있습니다. 멀티탭에 여러 전기 기기의 플러그가 꽂혀 있는데, 이럴 경우 높은 전류가 흘러서 기기가 고장 나거나 온도가 올라 화재가 일어날 수 있습니다.

속전속결 QUIZ   정답

4장

1. ① 자석과 자석 사이에 밀거나 당기는 힘

2. 저항

3.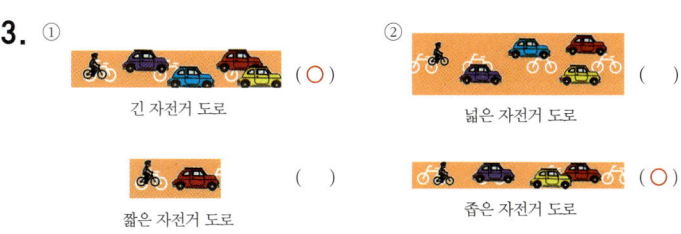
  └ 저항은 전선의 길이가 길수록, 굵기가 가늘수록 커집니다.

4.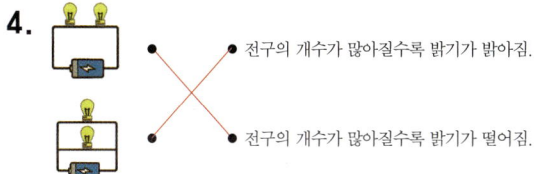
  └ 전기 기구는 저항으로 작용합니다. 그림은 저항의 직렬 연결과 저항의 병렬 연결을 보여 주고 있습니다. 저항을 한 줄로 연결하면(직렬 연결), 전선의 길이가 길어져 저항이 커지므로 전구의 개수가 늘수록 밝기가 떨어집니다. 반면, 저항을 나란히 연결하면(병렬 연결), 전선의 굵기가 굵은 것과 같아지므로 저항이 작아져 전구가 많을수록 밝아집니다.

5장

1. 전자기 유도

2. 전압↑, 전압↓, 전압↓
  └ 발전소에서 생산한 전기를 초고압 변전소에서 전압을 높여 1차 변전소로 보냅니다. 이후 공장이나 가정 등으로 전기를 안전하게 보내려면 2차 변전소에서 전압을 낮춰서 보내야 합니다.

3. ③ 전력 손실을 줄이기 위해
  └ 전압을 높이면 전기를 더 많이 더 멀리 보낼 수 있습니다.

4. 변압기의 원리를 보여 주고 있습니다. 전압을 올리기 위해서는 2차 코일을 더 많이 감아 주면 됩니다. 2배가 되어야 하므로, 6번 감으면 됩니다.

사진 제공 | 80쪽 토론토 정전 136쪽 전자석 기중기 137쪽 게오르크 옴 166쪽 화력 발전소, 원자력 발전소, 수력 발전소, 조력 발전소 ⓒwikimedia commons

전기 : 의문의 친구, 일렉퐁

초판 1쇄 발행 2024년 6월 5일
초판 3쇄 발행 2025년 5월 5일

기획 | 장풍(장성규)
글 | 강주현
그림 | 양선모

발행인 | 손은진
개발 책임 | 김문주
개발 | 김숙영, 서은영, 민고은
연구·검수 | 장풍 과학연구소(맹주연, 조영은, 염지혜)
디자인 | 이인희
마케팅 | 엄재욱, 김상민
제작 | 이성재, 장병미
발행처 | 메가스터디(주)
주소 | 서울시 서초구 효령로 304 국제전자센터 24층
대표전화 | 1661-5431
홈페이지 | http://www.megastudybooks.com
출판사 신고 번호 | 제2015-000159호
출간제안/원고투고 | 메가스터디북스 홈페이지 <투고 문의>에 등록

*잘못된 책은 구입하신 곳에서 바꾸어 드립니다.

메가스터디BOOKS
'메가스터디북스'는 메가스터디(주)의 교육, 학습 전문 출판 브랜드입니다.
초중고 참고서는 물론, 어린이/청소년 교양서, 성인 학습서까지 다양한 도서를 출간하고 있습니다.

• **제품명** 장풍쌤의 과학 풍딱지1권
• **제조자명** 메가스터디㈜ • **제조년월** 판권에 별도 표기 • **제조국명** 대한민국 • **사용연령** 3세 이상
• **주소 및 전화번호** 서울시 서초구 효령로 304(서초동) 국제전자센터 24층 / 1661-5431

딱지 놀이 방법 Ⅰ
1. 원형 딱지를 뒤집은 후 같은 개수 만큼 나눠 갖는다.
2. '하나, 둘, 셋'을 외치며 각자 가진 원형 딱지를 하나씩 낸다.
3. 별표가 더 많은 딱지를 낸 사람이 풍딱지를 가진다. (5판 3승)

딱지 놀이 방법 Ⅱ
1. 원형 딱지를 쌓는다.
2. 손바닥으로 바닥을 치거나 입으로 불어 딱지를 넘긴다.
3. 딱지를 많이 넘긴 사람이 풍딱지를 가진다. (5판 3승)

일렉풍딱지
관련 풍 : 일렉풍
능력 : 던지면 전기 일으킴
능력치 : 200+

안전확인 신고 확인증 번호 CB061A570-4001 **품명** 완구
모델명 스페셜 딱지 **제조자명** 메가스터디(주)
제조국 대한민국 **사용 연령** 3세 이상
주소 서울시 서초구 효령로 304, 24층 **전화번호** 1661-5431
주의 3세 미만의 영·유아는 보호자의 지도가 필요합니다.